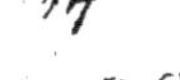

LE COMTE DE CHAROLAIS, OU LES COUVREURS,

COMÉDIE EN TROIS ACTES,

MÊLÉE DE CHANTS,

PAR MM. PAUL DUPORT ET DE FORGES;

MUSIQUE NOUVELLE DE M. DE FLOTOW;

REPRÉSENTÉE POUR LA PREMIÈRE FOIS, A PARIS, SUR LE THÉATRE DU PALAIS-ROYAL, LE 29 NOVEMBRE 1836.

PERSONNAGES.	ACTEURS.
LOUIS XV	M. DERVAL.
LE COMTE DE CHAROLAIS, prince du sang.	M. GERMAIN.
EUSTACHE BERLIGOY, couvreurs-plombiers.	M. A. TOUSEZ.
URBAIN PIERLOT, couvreurs-plombiers.	M. FAUGÈRES.
PÉGRIEL, concierge d'un pavillon appartenant au comte de Charolais.	M. BOUTIN.
GERBEAU, suisse d'un rendez-vous de chasse du roi, à Luciennes.	M. SAINVILLE.
CAMUS, aubergiste à Rueil	M. BARTHELEMY
AUBRY, valet de chambre du comte de Charolais	M. LHÉRITIER.
FRITOT, garçon d'auberge	M. GALLE.
UN COCHER DE FIACRE	M. MASSON.
NICOLETTE, nièce de Pégriel et fiancée d'Urbain	Mme DUPUIS.
SEIGNEURS DE LA SUITE DU ROI.	
PAGES.	
GENS DE LA NOCE.	
GARÇONS D'AUBERGE.	
PIQUEURS.	
VALETS.	

La scène se passe au premier acte à Rueil; au deuxième, chez le comte de Charolais; au troisième, à Luciennes.

ACTE PREMIER.

LA NOCE.

Le théâtre représente le jardin de la guinguette du Grand-Vainqueur à Rueil; à gauche du spectateur, la maison. La fenêtre du rez-de-chaussée, qui fait face au public est garnie de volailles, de pâtisseries et de divers comestibles. Au premier étage sont les cabinets de société. A droite, des arbres, et sur le premier plan, un but préparé pour le tir de l'arbalète. Au fond, un mur avec une petite porte de sortie donnant sur la route. Des bancs, des tables.

SCENE PREMIERE.

FRITOT, GARÇONS *d'auberge*, *puis* CAMUS.

(Au lever du rideau, on entend un chœur très-bruyant dans un des cabinets de la guinguette, dont la fenêtre est ouverte.)

CHOEUR DE BUVEURS.

AIR *nouveau de* M. DE FLOTOW, *ou air de la Salamandre* (2e acte).

Buvons, amis, et buvons frais,
Ici la folie
Nous convie;
D'un repas simple et sans apprêts
Notre gaîté fera les frais!
Buvons,
Rions,
Chantons.

FRITOT, *entrant suivi de plusieurs garçons d'auberge.* Quel sabbat! En voilà là-dedans qui s'amusent d'une fière force... Combien donc qu'ils sont?... (*En ce moment on entend les buveurs pousser des cris confus en choquant leurs verres, et un dindon rôti, lancé par la*

14

que j'en fais... voyez comme je me déploie... c'est-y grâcieux, ça?... une... deux...

(Il ajuste de nouveau. Au moment où il va tirer, le comte s'approche de lui et lui donne un léger coup sur l'épaule.)

LE COMTE. Prenez garde, vous visez trop haut.

BERLIGOY, *se retournant*. Hein! plaît-il?.. qu'est-ce que c'est?

LE COMTE. Je dis que vous auriez touché au moins à six pouces du but.

BERLIGOY. Oh! oh!.. en voilà une sévère, par exemple!.. Dites donc, les autres, entendez-vous le camarade qui veut m'en remontrer, à moi?

LE COMTE. Pourquoi pas?

BERLIGOY. Pourquoi pas?.. ah! ça, mon cher, vous n'êtes pas du pays; autrement vous sauriez qu'Eustache Berligoy, roi des chevaliers de l'arbalète du canton de Rueil, n'a pas encore rencontré un cadet *suscestible* de lui rendre des points à ce jeu-là.

LE COMTE. Vraiment... parbleu! vous me donnez l'envie d'essayer.

BERLIGOY. Vous?... va comme il est dit.

LE COMTE. Si je touche, je gagne le prix.

BERLIGOY. Le baiser... ça va sans dire...

URBAIN, *bas à Berligoy*. Y penses-tu?.. un étranger!..

BERLIGOY. Laisse donc, il va se faire mordre, nous rirons... (*Donnant l'arbalète au comte.*) Allons! montrez votre adresse, camarade... (*A part.*) Pauvre garçon, il me fait de la peine.

CHOEUR.

AIR *nouveau de* M. DE FLOTOW, ou *valse de Robin-des-Bois.*

Attention... entr'eux s'ouvre la lutte;
C'est un assaut d'adresse et de bonheur.
Le prix charmant qu'ici l'on se dispute,
C'est un baiser, que prendra le vainqueur.

LE COMTE, *regardant Nicolette.*

Je l'obtiendrai, la douce récompense;
Car, en voyant tant de grâce et d'appas,
De mon succès je suis certain d'avance:
L'amour ici viendra guider mon bras.

BERLIGOY *parlé*. Oh! que c'est fade!... que c'est fadasse!

CHOEUR.

Attention!... entr'eux s'ouvre la lutte:
C'est un assaut d'adresse et de bonheur;
Le prix charmant qu'ici l'on se dispute,
C'est un baiser que prendra le vainqueur.

(*La musique continue doucement jusqu'à l'ensemble suivant.*)

BERLIGOY, *au comte*. Après vous, camarade.

LE COMTE. Je ne tire jamais le premier.

BERLIGOY. C'est donc pour vous obéir. (*Il se place, tire et manque le but. Il reste stupéfait.*) Eh ben!

LE COMTE, *très-froidement*. Je vous l'avais dit, vous visez trop haut... à mon tour.

BERLIGOY, *le regardant avec dépit*. Oh! cet air dégagé... ah! mon Dieu! mon Dieu!

(Le comte tire et touche le but au-dessus duquel on voit s'élever un petit drapeau. Tout le monde applaudit.)

CHOEUR.

Victoire! victoire!
Ainsi se termine la lutte;
Dans cet assaut d'adresse et de bonheur,
Il a gagné le prix qu'on se dispute...
A lui l'baiser qu'on promit au vainqueur.

(*On applaudit encore à la fin du chœur.*)

BERLIGOY, *haussant les épaules*. Bon! les v'la qui l'applaudissent... peuple frivole, va!...

(Le comte s'approche de Nicolette.)

LE COMTE. J'espère que la récompense m'est bien acquise.... Permettez, belle mariée...

(Il l'embrasse.)

URBAIN, *à Berligoy*. Eh ben! dis donc..

BERLIGOY, *désappointé*. C'est un coup d'hasard... c'est un coup d'hasard.

LE COMTE, *s'approchant*. Vous croyez, camarade?... (*Regardant Nicolette.*) Si vous voulez, nous pouvons recommencer la partie?

URBAIN, *vivement*. Non, non, c'est inutile.

BERLIGOY. Il s'y habituerait... merci!.. vous n'êtes pas dégoûté, mon cher... mais faut pas tant vous rengorger, dites donc, parce que vous avez fait pavillon... Ça n'empêche pas, voyez-vous, que je ne connais qu'un seul homme dans le pays qui passe pour meilleur tireur que moi.

LE COMTE. Qui ça?

BERLIGOY. Pardine, monseigneur le comte de Charolais.

LE COMTE. Vraiment!

BERLIGOY. A cent pas, il vous campe une balle dans un écu de six livres...

LE COMTE. Diable!

URBAIN. Et c'est ben malheureux pour le pauvre monde qu'il ait le coup d'œil si juste; car on assure que, quand il est en colère, ce qui lui arrive souvent, il vous tire sur un homme comme sur un lapin...

BERLIGOY. Ou toute autre pièce de vénerie.

NICOLETTE. Quelle horreur!

BERLIGOY. Faut être ben désœuvré pour ça.

LE COMTE. Il ne faut pas croire tout ce qu'on dit.

URBAIN. Oh! heureusement ils ne sont pas tous de même... ce bon M. Lamoignon de Malesherbes, par exemple, le seigneur de Fontenay-aux-Roses... en v'là un qu'a le cœur sur la main pour l'ouvrier!

TOUS. Ah! oui!..

NICOLETTE. Et monseigneur le duc de Penthièvre, dont on dit tant de bien...

BERLIGOY. Oh! celui-là, numéro un, mes enfans... En v'là, en v'là des vrais nobles!... mais le comte de Charolais!... quand il s'agit de ce damné seigneur-là, on ne risque rien de lui en mettre sur le dos... on est toujours au-dessous de la vérité.

URBAIN. Ah! t'as ben raison...

LE COMTE, *fait un mouvement qu'il réprime aussitôt.* Hein! drôle!

BERLIGOY. Vous trouvez ça drôle, vous... vous êtes encore bon enfant... (*on entend dans l'intérieur de l'auberge la voix de Pégriel*) au surplus, v'là quelqu'un qui va vous dire que nous n'inventons pas.

SCENE VII.

LES MÊMES, PÉGRIEL *.

PÉGRIEL. A table, mes amis!... à table! le potage est servi.

BERLIGOY, *l'amenant près du comte.* N'est-ce pas, père Pégriel, que vous nous avez dit que votre maître?..

PÉGRIEL. Eh! certainement je vous ai dit que le comte de Charolais... (*En ce moment il se trouve en face du comte qu'il reconnaît; il s'interrompt brusquement en balbutiant et en tremblant de tous ses membres; à part.*) Ah! mon Dieu!

BERLIGOY. Eh ben!

LE COMTE. Eh bien!... que disiez-vous du comte de Charolais?.. je serais curieux de savoir?..

PÉGRIEL, *plus troublé.* Mais non, je ne me rappelle pas.

BERLIGOY. Comment? vous ne nous avez pas raconté plus de vingt fois?...

PÉGRIEL, *balbutiant.* Mais non, encore une fois, non... il est impossible que... Vous êtes dans l'erreur...

BERLIGOY. Ah! quelle vieille girouette!

LE COMTE, *bas et rapidement à Pégriel* Pas un mot qui me fasse reconnaître!

BERLIGOY. Allons... à table!...

TOUS. A table! à table!...

* Berligoy, Pégriel, le comte, Nicolette, Urbain.

BERLIGOY, *au comte, en lui frappant sur l'épaule.* Au revoir, camarade, vous me devez une revanche.

LE COMTE, *à part, en se frottant l'épaule.* Animal. (*Haut.*) Quand vous voudrez.

(Il s'éloigne.)

BERLIGOY, *à part.* Je le reconnais parfaitement, c'est un tonnelier de Puteaux...

PÉGRIEL, *à part.* Je n'ai pas une goutte de sang dans les veines.

URBAIN. Allons, messieurs, la main aux dames.

TOUS. La main aux dames...

REPRISE DU CHOEUR D'ENTRÉE.

Au plaisir tout nous engage,
Amusons-nous jusqu'à d'main,
Pour célébrer l'mariage
De Nicolette et d'Urbain.

(*Tous les convives entrent dans l'auberge; Pégriel est le dernier. Au moment où il va entrer, le comte s'avance et lui fait signe de rester. Pendant la fin de cette scène, la nuit est venue peu à peu. On a allumé une lanterne à la porte de l'auberge, dont les salons paraissent éclairés.*)

SCENE VIII.

PÉGRIEL, LE COMTE *.

LE COMTE. Un instant... n'es-tu pas le concierge de mon pavillon de Bel-Air?

PÉGRIEL, *tremblant.* Oui, monseigneur... mais je puis jurer à votre altesse...

LE COMTE. C'est bon! c'est bon!... retourne sur-le-champ à Bel-Air, et que tout soit prêt pour m'y recevoir ce soir ou demain.

PÉGRIEL. Oui, monseigneur... (*A part.*) Et le dîner qui m'attend!

LE COMTE, *avec un geste impératif.* Eh bien!...

PÉGRIEL. Oui, oui, monseigneur... (*A part, en s'en allant.*) J'en ferai une maladie, c'est sûr.

SCENE IX.

LE COMTE, *seul.*

Tout n'est pas bénéfice dans l'incognito... on est exposé à entendre quelquefois des vérités un peu crues... Ah ça! ça se plaint donc, le peuple... au fait, je ne suis pas fâché que ces manans me craignent.

AIR *de Partie et Revanche.*

Devenant par trop familière,
Leur race nous traite en égaux;
Et sur nous se donnant carrière,
N'a déjà plus, dans ses propos,
Le respect des temps féodaux.
Ils iraient par trop loin, je pense,

* Pégriel, le comte.

Si, pour éviter ce péril,
Je ne les tenais à distance...
A la distance d'un fusil. (*Bis.*)
Il faut les tenir à distance,
A la distance d'un fusil.

Pas leurs femme pourtant; quand j'y songe, j'ai été bien inspiré en venant déjeuner ce matin avec mes fidèles dans ce cabaret... cette petite mariée a quelque chose... elle me plaît... beaucoup... il serait parbleu très-gai, le jour de ses noces... pourquoi pas?.. ça me changerait.

SCENE X.

AUBRY, LE COMTE*.

AUBRY, *il entre par le fond et regarde autour de lui, comme s'il cherchait quelqu'un.* L'auberge du Grand-Vainqueur?.. c'est ici...

LE COMTE, *l'avisant.* Eh! je ne me trompe pas... voici un homme à moi... Eh! l'ami!..

AUBRY, *s'approchant et le reconnaissant.* Monseigneur...

LE COMTE. Chut!... qu'est-ce?

AUBRY, *lui présentant une lettre sur son chapeau.* Une dépêche du roi pour monseigneur.

LE COMTE. Voyons... (*Il lit.*) Une invitation pour le jeu du roi... ce soir... je ne puis y manquer... et pourtant, cette jeune fille... Mais je trouverai du temps pour tout... (*A Aubry.*) Eh!... eh!...

(Il cherche le nom.)

AUBRY, *s'avançant.* Aubry, monseigneur.

LE COMTE. Ai-je des chevaux là?

AUBRY. Un phaëton attend monseigneur à deux pas d'ici.

LE COMTE. C'est bien... ne t'éloigne pas, j'aurai besoin de toi.

AUBRY. Il suffit, monseigneur.

(Il se retire à l'écart, à droite. On entend crier dans l'intérieur de l'auberge : *A la santé des mariés.*)

LE COMTE. Le dîner va finir... il faut absolument que je parle à cette petite... on vient... observons...

(Il disparaît dans les arbres à droite. La nuit est venue tout-à-fait.)

SCENE XI.

URBAIN, BERLIGOY, LE COMTE, AUBRY, *à l'écart***.

BERLIGOY. Ah ça! y conçois-tu quelque chose? le père Pégriel qui s'éclipse au moment du dîner...

URBAIN. Il aura craint de s'attarder et de retourner de nuit à Bel-Air... t'as ben vu qu'il était pressé.

BERLIGOY. C'est pas une raison pour brûler la politesse aux amis... c'est très-grossier... Satané vieillard!... c'est drôle, je ne sais pas si tu es comme moi.... j'estime et j'honore la vieillesse... mais je ne peux pas souffrir les vieillards...

URBAIN, *mystérieusement.* Dis donc, Berligoy?

BERLIGOY. De quoi?

URBAIN. Puisque notre oncle Pégriel est parti... j'ai bien envie d'en faire autant.

BERLIGOY, *le poussant en riant.* Hein!... je te vois venir... je te vois venir!

URBAIN. Elle est si jolie ma femme!

BERLIGOY. Je crois ben!... avec ça que j'y ai fait boire un peu de vin de Champagne... ça y a fait des petits yeux tout brillans, comme des escarbots... Oh! Urbain, va!

URBAIN. J'ai peur seulement que les autres ne remarquent mon départ, et ne s'y opposent.

BERLIGOY. Laisse-donc!... en t'y prenant bien ils n'y verront que du feu... Suis mon plan... rentre dans la salle... fais semblant de rien, vire, tournaille, bois un petit verre, bois-en deux; glisse dans l'oreille à ton épouse de venir prendre l'air un brin dans le jardin... moi, je cours jusqu'à la place, je vous envoie le sapin, vous vous emballez dedans, et fouette, cocher, ni vu ni connu!..

URBAIN. Oh! va! va!... dépêche-toi!

BERLIGOY. Mais, dans ce cas-là, je te dis adieu... parce que je ne te reverrai pas ce soir... je m'en vas aussi à la chapelle blanche, moi... vu qu'il faut que je sois demain à cinq heures du matin sur le toit de Bel-Air.

URBAIN. Mais tu viendras dîner avec nous... à Paris?

BERLIGOY. Je crois bien... à preuve que j'apporterai mon plat; une friture de goujons... Aime-t-elle la friture ton épouse?

URBAIN. Pars donc, bavard!

BERLIGOY. Hein!.. est-il pressé!... bonsoir, Urbain... bonne nuit, vieux.

URBAIN. Bonsoir!

BERLIGOY. Je te dis bonne nuit, moi... comprends-tu la *bètaphore*?

AIR *du Cheval de bronze.*

Adieu, je pars content :
En cet instant,
Je pense au bonheur qui t'attend.

* Aubry, le comte.
** Urbain, Berligoy, le comte, Aubry.

Allons, n't'impatient' pas ;
Vite, j'm'en vas :
Pour toi, j'dois accélérer l'pas.

URBAIN.

D'amour, d'ivresse,
Je sens mon cœur bondir
Et tressaillir...

LE COMTE, *bas à Aubry.*

Observe avec adresse ;
A mon signal, sois prêt à m'obéir.

ENSEMBLE.

BERLIGOY.

Adieu, je pars content ;
En cet instant,
Je pense au bonheur qui t'attend.
Allons, n't'impatient' pas :
Vite, j'm'en vas :
Pour toi, j'dois accélérer l'pas.

LE COMTE.

Il faut agir, pourtant ;
En cet instant,
Je pense au bonheur qui m'attend.
Allons, n'hésitons pas :
Tendons mes lacs,
Pour posséder autant d'appas.

URBAIN.

L'heur' presse, adieu, va-t'en ;
En cet instant,
Je pense au bonheur qui m'attend.
Allons, ne tarde pas,
Hâte tes pas ;
Demain, frère, tu me r'verras.

(*Berligoy sort par le fond ; Urbain rentre dans l'auberge; Aubry disparaît dans les arbres.*)

SCENE XII.

LE COMTE, *seul.*

Allons, il n'y a pas de temps à perdre... Ah! messieurs les manans... vous vous égayez à mes dépens... patience... mon tour va venir ; et, si vous criaillez encore après moi, ce sera au moins pour quelque chose. (*Appelant.*) Holà!

AUBRY. Monseigneur...

LE COMTE. Il faut que, ce soir même, cette jeune mariée soit à mon pavillon de Bel-Air. Les grands moyens... quatre de mes gens... une embuscade sur la route... des masques, des pistolets pour effrayer le mari... enfin, comme à l'ordinaire.

AUBRY. Oui, monseigneur.

(Il va pour sortir. En ce moment on entend le roulement d'une voiture ; la petite porte du fond s'ouvre, et l'on voit un fiacre arrêté devant.)

SCENE XIII.

LE COMTE, AUBRY, UN COCHER*, *ivre.*

LE COCHER, *au comte.* Pardon, excuse... c'est-y ici que je dois charger pour Paris ?

* Aubry, le comte, le cocher.

LE COMTE, *à part.* C'est le cocher de fiacre.

LE COCHER. Dites donc, vous, si vous êtes de la noce, allez donc dire à mes bourgeois que je suis là.

LE COMTE, *frappé d'une idée.* Ah !.. (*au cocher*) oui, mon brave, on va les prévenir... mais ils ne sont pas encore près de partir, et, en les attendant, vous boiriez peut-être bien un coup ?...

(Il fait un signe à Aubry, qui va appeler un garçon.)

LE COCHER. Comment donc ? c'est pas de refus, bourgeois... avec ça que j'ai le gosier plus sec.... (*Un garçon apporte un pot de vin et des verres, qu'il pose sur une table à droite. S'asseyant.*) Eh ben! est-ce que vous ne buvez pas avec moi ?

LE COMTE. Si... si... tout-à-l'heure, je suis à vous, versez toujours.

LE COCHER, *versant.* Dites donc, alors, vous donnerez un coup d'œil à mes chevaux.

LE COMTE. Soyez tranquille.

LE COCHER, *au comte.* Eh bien ! vous êtes tout de même bon enfant... je vous reconnais bien, allez..... je vous ai vu à Paris... vous êtes un boisselier de la rue Tirechappe.

(Il se met à boire.)

LE COMTE. A merveille !... le voilà occupé.

(Il se retire au fond avec Aubry.)

SCENE XIV.

LES MÊMES, NICOLETTE, URBAIN *.

URBAIN *et* NICOLETTE, *sortant de l'auberge avec précaution.*)

AIR *nouveau de* M. DE FLOTOW, ou air *de la Contre-lettre.*

Marchons bien en silence;
Surtout de la prudence...
Déjà l'heure s'avance,
Il faut nous retirer.

LE COMTE, *à part.*

Mais, c'est elle, il me semble...

NICOLETTE.

Je ne sais... mais je tremble...

URBAIN.

Puisque nous somm's ensemble,
Tu dois te rassurer.

ENSEMBLE.

URBAIN *et* NICOLETTE.

Marchons bien en silence;
Surtout de la prudence...
Déjà l'heure s'avance,
Il faut nous retirer.

LE COMTE.

Observons en silence;
Surtout de la prudence :
Adresse ou violence,
Je veux m'en emparer.

(*La musique continue piano jusqu'à la fin de l'acte. Urbain entraîne doucement Nicolette jusqu'à la porte du fond.*)

* Nicolette, Urbain, le comte, le cocher.

NICOLETTE. Ah! mon Dieu!... et mon mantelet!... je l'ai laissé dans la salle.

URBAIN. Je cours le chercher... monte toujours dans la voiture. (*Ouvrant la portière du fiacre et aidant Nicolette à y monter.*) Eh bien! où est donc le cocher? (*Appelant.*) Cocher... cocher!...

LE COCHER, *toujours à table et très-ivre.* On y va, bourgeois... on y va... On me laissera peut-être bien finir ma bouteille.

(Il tombe assoupi sur la table. Urbain rentre en courant dans l'auberge; dès qu'il a disparu, le comte s'avance et appelle vivement.)

LE COMTE. Aubry!..

AUBRY. Monseigneur...

LE COMTE. Vite, sur le siége... crève les chevaux, et ventre-à-terre jusqu'à Bel-Air... je t'y enverrai mes instructions.

(Il ferme la portière du fiacre.)

AUBRY. Oui, monseigneur.

(Il monte rapidement sur le siége du fiacre, et aussitôt l'on entend la voiture s'éloigner.)

NICOLETTE, *dans la voiture.* Au secours! au secours!...

LE COMTE. Maintenant, à Versailles!...

(Il s'éloigne par le fond. En ce moment, Urbain sort de l'auberge avec le mantelet de Nicolette, et se heurte contre le cocher, qui s'est réveillé. On entend crier dans l'intérieur de l'auberge : *A la santé des mariés!*)

(Le rideau baisse.)

ACTE II.

LE PAVILLON DE BEL-AIR.

Le théâtre représente un jardin. A gauche du spectateur, au troisième plan, une avenue conduisant à la grille d'entrée. Au fond, une terrasse garnie d'un parapet à balustrades dorées, donnant sur la rivière, dont on doit apercevoir dans le lointain le rivage opposé, avec la forêt de Saint-Germain en perspective. A gauche, sur le devant du théâtre, un bosquet formé par un massif d'arbres. A droite, un pavillon à deux étages d'un style d'architecture très-élégant, et dont on voit le toit.

SCENE PREMIERE.

PÉGRIEL, AUBRY.

PÉGRIEL. Comment, monsieur Aubry, me redemander les clefs de la grille d'entrée! y installer à ma place deux grands laquais, et m'envoyer dès le point du jour à la pêche de l'écluse!.. qu'est-ce que cela signifie?

AUBRY. Rien de plus simple. Il paraît que le roi a entendu vanter cette nouvelle maison de plaisance de monseigneur, le site, la vue, et surtout ce bras de rivière qui baigne les murs, traverse le parc, et où, grâce à l'écluse qu'on vient d'y construire, se pêche, en tout temps, le plus beau poisson!.. et, comme sa majesté chasse aujourd'hui dans la forêt de Saint-Germain, elle avait mandé hier au soir monseigneur à Versailles, et l'avait mis de sa chasse, en s'invitant à déjeûner ici pour ce matin.

PÉGRIEL. Sa majesté va venir ici!.. (*A part.*) Oh! alors, ce n'est pas ce que je craignais.

AUBRY. Malheureusement notre maître n'a pu accepter cet honneur... (*A part.*) Il n'avait garde.

PÉGRIEL. Bah!.. il a refusé le roi... (*A part.*) Voilà mes craintes qui me reprennent...

AUBRY. En s'excusant sur ce que le bâtiment n'est pas achevé, que les ouvriers y travaillent encore.

PÉGRIEL. Oh! les couvreurs!.. rien que la toiture... une bagatelle...

AUBRY. N'importe... le roi a changé d'idée... — Soit, mon cousin, a-t-il reparti, puisque vous ne pouvez être mon amphitryon, c'est moi qui serai le vôtre, à mon pavillon de Luciennes, où nous déjeûnerons ensemble, à la charge par vous d'y faire porter un échantillon de votre pêche miraculeuse. En conséquence, monseigneur t'ordonne de rassembler tous les mariniers à l'écluse, de surveiller la pêche, et de transporter toi-même le poisson à Luciennes, avant onze heures. (*A part.*) Ce qui est d'ailleurs très-commode pour l'éloigner d'ici.

PÉGRIEL. C'est facile... un quart de lieue, par la route de traverse que m'a enseignée le concierge de là-bas, Gerbeau, un de mes vieux amis... ça suffit... je vais m'occuper... (*Fausse sortie, revenant sur ses pas.*) Ah! ça!.. bien sûr, ce n'est que pour ça que vous me remplacez ce matin? il n'y a pas d'autre cause? c'est que... s'il faut vous dire ce que j'ai sur le cœur, les paysans m'ont conté qu'hier au soir, un peu avant mon retour, ils avaient vu rouler par ici une voiture, d'où semblaient partir des cris de femme... des cris étouffés.

AUBRY. Et ça te paraît étrange... celles qu'on amène ici d'ordinaire ne crient pas; si ce n'est quelquefois pour dire au cocher d'aller plus vite.

PÉGRIEL. Mais enfin, cette femme, qui est-elle?

AUBRY. Que t'importe?.. notre vertu, à nous autres, c'est de servir les vices de nos maîtres.

PÉGRIEL. Et avec monseigneur il faut être bien souvent vertueux!

AUBRY, *riant.* Ah! ah! ah! ce pauvre Pégriel!.. Je vois ce qui t'inquiète... parce que monseigneur a eu le caprice d'assister hier à la noce de ta nièce, tu te figures...

PÉGRIEL. Eh bien, oui... c'est ça.

AUBRY, *riant.* Ah! ah! ah!.. Imbécille... réfléchis donc, si tu gênais monseigneur, s'il voulait se débarrasser de toi, crois-tu qu'il y ferait tant de façons?.. eh! mon Dieu!.. une vingtaine de coups de cravache, un bras cassé, une côte enfoncée, te voilà au lit pour quinze jours... ce serait tout de suite fait!

PÉGRIEL. C'est assez juste!.. vous me rassurez un peu.

AUBRY. Il n'y a rien de plus tranquillisant.

PÉGRIEL. Oui! quand on connaît le caractère de monseigneur.

BERLIGOY, *dans le lointain.* Oh! eh!.. oh! eh!.. père Pégriel!..

PÉGRIEL. Justement... je crois que j'entends le couvreur qui appelle... ce sont vos grands diables qui, sans doute, lui refusent l'entrée.

AUBRY. Eh bien! va lui faire ouvrir.

(Pégriel sort par l'avenue.)

SCENE II.

AUBRY, *seul.*

Le vieux drôle a eu de la peine à mordre... Monseigneur voulait mener ça plus rondement: il trouvait piquant de lui prendre sa nièce à son nez et à sa barbe... il n'est pas pour les ménagemens, monseigneur! c'est le propre des grandes ames... mais je lui ai fait sentir qu'il valait mieux tromper le bonhomme: d'abord, c'est plus moral; et puis on assure que le roi ne veut plus de scandale qu'à petit bruit... Il devient rigoriste Louis XV!... non par scrupule, mais par égoïsme, et pour ne pas donner prise aux déclamations de ces petits écrivassiers de l'Encyclopédie.

AIR: *Un homme pour faire un tableau.*

Quand déjà sa dévotion
Excite en secret leur colère,
De sa cour la corruption
Leur fournirait ample matière.
Adoptant un juste milieu,
Pour éviter les catastrophes,
Il vit dans la crainte de Dieu
Et dans celle des philosophes.

Allons voir si la vieille Marthe a réussi à humaniser un peu notre farouche mariée.

(Il entre dans le pavillon.)

SCENE III.

PÉGRIEL, BERLIGOY.

BERLIGOY, *entrant avec divers ustensiles, un réchaud où il y a du feu, des fers à souder.* Non, parole d'honneur, père Pégriel, je vous en veux... Et Urbain aussi, et Nicolette, et tout le monde.. C'est pas gentil de décamper comme ça au moment le plus intéressant.

PÉGRIEL. Je n'ai pu faire autrement... et dis-moi...

BERLIGOY. Je suis à vous... j'ai là du feu dans mon plateau; faut que je souffle, peur que ça s'éteigne.

(Il va poser le réchaud contre le mur de la maison, sur le devant du théâtre.)

PÉGRIEL. Il s'agit bien de çà!.. es-tu sûr qu'il n'est rien arrivé à ma nièce, à Nicolette?.. elle s'en est allée, hier au soir, avec son mari?

BERLIGOY, *tout en soufflant.* C'te question!.. avec qui donc que vous auriez voulu qu'elle s'en irait?

PÉGRIEL. Je te demande ça, vois-tu, par la raison que...

BERLIGOY. Votre raison n'est pas raisonnable... vrai, père Pégriel, si vous étiez moins âgé, je vous appellerais vieil aliéné... c'est vrai, cet air d'inquiétude, ces questions ébouriffées... ne dirait-on pas que vous avez peur pour votre nièce?.. soyez tranquille, Urbain ne l'aura pas mangée... excepté de caresses, ça, je ne dis pas... parce qu'une nuit de noces, dam!.. (*soufflant toujours*) ça chauffe... ça chauffe!

PÉGRIEL. Du moment qu'elle est montée devant toi en voiture...

BERLIGOY. Même que c'est moi que je suis été chercher le sapin nuptial!.. je dis nuptial... parce qu'il y avait ce mot là dans la chanson du petit clerc au Châtelet... il est un peu leste le mot... il est grivois...

PÉGRIEL. Mais comment n'es-tu pas allé, ce matin, savoir des nouvelles des mariés?

BERLIGOY. Autre stupidité, père Pégriel... c'est ça, fallait m'en aller à cinq heures du matin à Paris, pour offrir à la mariée le vin chaud avec de la castonade... et puis, pendant ce temps-là, l'ouvrage se serait croisé les bras... Comme j'y ai dit à Urbain : demain, ne viens pas travailler... laisse-moi z'y seul encore, et reste avec ta femme... à chacun sa besogne ; je piocherai là-bas pour deux.

PÉGRIEL. C'est bien ça!.. c'est d'un brave camarade.

BERLIGOY. Laissez donc!.. pour Urbain! j'y ai pas de mérite, voyez-vous? et après ce qu'il a fait pour moi...

PÉGRIEL. Quoi donc?

BERLIGOY. Comment, vous ne savez pas?.. il ne sait rien... ma parole d'honneur, c'est humiliant de voir arriver un vieillard à cette décrépitude-là sans savoir... apprenez donc que, si j'existe, ou du moins si je jouis des agrémens d'un physique bien conformé, c'est à lui, c'est à Urbain que j'en suis débiteur. Sans lui, je serais peut-être, malgré ma fleur de l'âge, aussi détruit, et aussi cacochyme que vous pouvez t'être.

PÉGRIEL. Comment ça?

BERLIGOY. Figurez-vous... c'était dans le temps que je commençais l'état... j'étais pas encore habitué... à courir sur les toits comme sur le plancher des vaches...

PÉGRIEL. Eh bien?

BERLIGOY. Pour lors, j'étais avec Urbain à rafistoler la gouttière d'un cintième... je crois même que c'était un sixième... enfin, n'importe... v'là qu'il me prend un vertigo, que ça tourne, ça tourne... ce que je tenais m'échappe, le saumon de plomb, l'attelle, le fer à souder, je lâche tout... et je me mets à suivre... (*Faisant le geste de tomber.*) J'ai que le temps de crier : à moi, à moi, Urbain!... Lui, crac, il me vous empoigne par ce qu'il trouve .. il ne restait que la tête...

AIR *de l'Ecu de six francs.*

Par la tignass' vite il m'accroche...
Solid'ment... ccesti!... ça cuisait!
Mais je n'dis pas ça par reproche;
Au contrair'... tant plus il tirait,
Tant plus d'plaisir qu'ça me faisait.
Je n't'nais à la vi' qu'par ma nuque...

PÉGRIEL.

O ciel!... dans cett' position
Je s'rais mort d'effroi!

BERLIGOY.

J'en répond...
Vous surtout, qui portez perruque,
De tout' votr' personn', j'en répond,
On n'aurait sauvé qu'la perruque.

SCENE IV.

LES MÊMES, AUBRY.

AUBRY, *à la cantonnade.* Bien, bien, Marthe!.. les grands moyens... la porte à secret... avec un peu d'adresse... (*Apercevant Pégriel.*) Encore ici?

PÉGRIEL. Je vous attends pour vous remettre les clefs.

AUBRY. Et m'installer à ton poste... c'est juste... (*Apercevant Berligoy.*) Ah! voilà le couvreur... Comment, drôle! tu n'es pas encore à la besogne?..

BERLIGOY. Faut-il pas que je chauffe mon fer à souder, donc!.. tant qu'il n'est pas rouge, bernique!

AUBRY. Ecoute un peu par ici.

BERLIGOY. Je peux pas... je souffle.

AUBRY. Pégriel s'en chargera.

PÉGRIEL, *prenant le soufflet.* Volontiers. (*A part.*) Qu'est-ce qu'il a donc à lui dire?

AUBRY, *bas à Berligoy, qu'il tire à l'écart.* Il n'est pas impossible qu'il se fasse un peu de bruit, ce matin, dans la maison...

BERLIGOY. Du bruit?

AUBRY. Oui, si son altesse vient.

BERLIGOY. Ah! le bourgeois...

AUBRY. Parfois monseigneur se fâche, crie après la vieille Marthe...

BERLIGOY. Qui ça, la vieille Marthe?..

AUBRY. La femme de charge.

BERLIGOY. Ah! cette espèce d'orang-outang en jupons... bien... bien...

AUBRY. Et si, par hasard, quelques-uns de ces cris là arrivaient jusqu'à toi, ne t'avise pas d'y faire attention, de te déranger... Dans ton intérêt, tu ne dois rien entendre, ni rien dire.

BERLIGOY. *Surficit.*

PÉGRIEL, *bas à Berligoy.* Qu'est-ce qu'il t'a dit?

BERLIGOY, *bas.* D'être sourd et muet.

PÉGRIEL, *à part.* Ah! ah!.. j'en étais sûr... quelque horreur qui se prépare!..

AUBRY. Allons, suis-moi, Pégriel, et vite à la pêche de l'écluse.

BERLIGOY, *criant à Aubry qui sort.* A propos, faut-il encore être aveugle par-dessus le marché? pendant que je serai en train il n'en coûte pas plus.

(Pégriel, qui sort le dernier, lui fait signe de se taire.)

SCENE V.

BERLIGOY.

Maintenant, resserrons mes genouillères... je m'en vas aller dar dar là-haut, parce que je veux finir ma journée de bonne heure... faut pas que j'oublie que je suis invité au lendemain de noce d'Urbain.... Oh! Dieu, Urbain!.. en v'là un qu'a dû passer une drôle de nuit!.. rien que d'y penser, il m'en court des petits frissons dans le dos... ça me donne pourtant aussi des idées de mariage pour mon compte... au fait, je serais peut-être pas moins heureux qu'Urbain... tout ce que je demande, c'est qu'il m'en arrive autant... Allons, dressons l'échelle... hardi!.. un peu de courage à la poigne...

(Il va prendre une longue échelle, qu'il dresse contre la muraille en chantonnant.)

SCENE VI.

BERLIGOY, NICOLETTE.

NICOLETTE, *dans l'intérieur de la maison.* Au secours!.. au secours!

BERLIGOY, *montant à l'échelle.* Des cris!.. allons!.. v'là déjà le sabbat qu'on m'a défendu d'entendre... est-ce qu'elle se dispute toute seule, l'orang-outang?

NICOLETTE, *qui a long-temps ébranlé une fenêtre dans l'intérieur, l'ouvrant enfin avec bruit, et en cassant un carreau.* Maudite fenêtre!

BERLIGOY, *sur le toit.* Un carreau de cassé... c'est le profit du vitrier.

NICOLETTE, *derrière une persienne.* Ciel! un cadenas à la persienne!.. oh! que faire?.. mon Dieu!.. mon Dieu!..

(Elle ébranle à plusieurs reprises la persienne.

BERLIGOY, *commençant à travailler.*

AIR : *Joli badigeonneur* (Cosimo.)

Couvreur, joli couvreur, etc., etc.

NICOLETTE, *derrière la persienne.* Cette chanson!.. par quel hasard?.. (*Appelant.*) Qui êtes-vous?.. qui êtes-vous?..

BERLIGOY, *redescendant sur l'échelle.* On appelle!.. que c'est bête!.. ça me faisait l'effet de la voix de Nicolette... comme si ce n'était pas impossible...

NICOLETTE. Au nom du ciel, si vous êtes couvreur, vous connaissez peut-être un de vos camarades, Urbain?

BERLIGOY, *tressaillant et approchant son oreille de la persienne.* Urbain! hein?.. on parle d'Urbain... quoique vous lui voulez à Urbain?... v'là son ami, v'là Berligoy.

NICOLETTE. Berligoy! ah! je suis sauvée!.. à moi, à moi, Berligoy! c'est Nicolette!

BERLIGOY, *avec explosion, manquant de tomber.* Nicolette!.. pas possible!.. eh! vite, ouvre moi, ouvre donc!

NICOLETTE. Je ne puis, cette persienne cadenassée...

BERLIGOY. Attends... attends... mon ciseau...

(Il cherche à forcer la persienne avec un ciseau.)

NICOLETTE, *pendant ce temps.* Ah! mon Dieu! je vous remercie... vous m'avez envoyé un appui.

BERLIGOY, *travaillant.* Et un solide, va!.. (*Faisant effort.*) Cré Coquin! ça tient ferme!

NICOLETTE. Courage!

BERLIGOY. Ne t'inquiète pas... je suis un Samson... (*Nouvel effort.*) Ouf! (*la persienne s'ouvre violemment*) v'là ce que c'est!.. ah!

NICOLETTE, *paraissant à la fenêtre.* Berligoy!

BERLIGOY. Nicolette!.. mais comment qu'il s'fait que tu sois là?

NICOLETTE. Prisonnière! hier au soir!.. une trahison!..

BERLIGOY. Bonté du ciel!.. (*Il pose l'échelle contre la fenêtre, et la soutient avec ses bras de façon à ce que Nicolette puisse descendre.*) Mets-moi le pied là!.. ferme du jarret! et pas de crampe!.. c'est lourd!.. mais, pour toi, je broncherai pas.

(Nicolette descend.)

NICOLETTE. Merci!.. merci!..

BERLIGOY, *l'amenant sur le devant du théâtre, et la faisant asseoir sur un banc de pierre.* C'te pauvre fille!.. est-elle pâle donc!.. est-elle renversée!

NICOLETTE. Je crois bien... une nuit de larmes... de terreurs... Mais, où suis-je?..

BERLIGOY. Comment! tu n'en sais rien?.. chez le comte de Charolais...

NICOLETTE, *se levant.* Quelle horreur!..

BERLIGOY. T'es donc restée enfermée?..

NICOLETTE. Toute la nuit!

BERLIGOY. Sans lumière?..

NICOLETTE. Oui.

BERLIGOY, *d'un ton comiquement composé, en hésitant.* Et... seule?

NICOLETTE, *répondant à la pensée de Berligoy.* Ah!

BERLIGOY. C'est juste!.. une si brave fille!.. comment! personne?..

NICOLETTE. Non... si ce n'est que plusieurs fois, à travers la porte est venue jusqu'à moi la voix d'une vieille femme.... une misérable... dont les infâmes conseils.....

BERLIGOY. Atroce sorcière!.. va toujours!

NICOLETTE. Enfin, comme je refusais de lui répondre, elle m'a laissé tranquille... et c'est ce matin, c'est tout-à-l'heure seulement qu'un valet en grande livrée est venu m'annoncer que bientôt son maître...

BERLIGOY. C'est ça... le comte... il me l'a annoncé aussi... va... va!..

NICOLETTE. J'ai déclaré que je me tuerais; qu'à défaut d'armes, fallût-il me briser la tête contre la muraille!..

BERLIGOY, *avec sensibilité*. Pauvre biche! (*Il s'essuie une larme.*) Va toujours!..

NICOLETTE. Il est sorti... et bientôt après la vieille lui a succédé... cette fois, en feignant de me plaindre, de vouloir me délivrer. « Venez, mon enfant, suivez-moi, » m'a-t-elle dit... mais je ne sais quelle grimace infernale démentait son langage, et, en la suivant, je me tenais sur mes gardes, j'observais tout.

BERLIGOY, *avec orgueil*. Bien! bien!... pas bêtes les filles du peuple!.. fin qui les attrape!.. (*Transition.*) Va toujours, va toujours.

NICOLETTE. Elle ouvre un cabinet sombre, et me presse d'y entrer... j'hésite... elle veut employer la force... je la pousse en me débattant... et tout-à-coup la porte se referme d'elle-même, et la vieille reste prisonnière.

BERLIGOY. Prise à son traquenard... bien fait! bien fait!

NICOLETTE. Libre alors, j'ai couru toute la maison, cherchant une issue... à chaque fenêtre, grilles, barreaux, cadenas!.. et qui appeler?.. quel secours attendre?.. j'avais beau regarder autour de la maison... de l'eau, rien que de l'eau sous mes yeux!

BERLIGOY. Parbleu!.. un bras de la rivière... où la bâtisse prend un bain de pied. Ce calcul, pour faire ses noirceurs plus à son aise!

NICOLETTE. Je me désolais!.. lorsque, de loin, un batelet, conduit par un enfant...

BERLIGOY. Ah! quel espoir!..

NICOLETTE. Je lui fais signe... Je lui crie d'approcher... Petit, sommes-nous bien loin de Rueil?.. Un quart d'heure par mon batelet... Eh bien! tu peux gagner une bonne récompense... vas-y, demande Urbain, et remets-lui ce que je te jette....

AIR : *Simple soldat.*

Pendant ce temps, oh! qu'il m'en a coûté!
A mon mouchoir je noue avec vitesse
Un gage, hélas! bien cher, bien regretté,
Que mon espoir fut de garder sans cesse;
Mais, mon Urbain, tu me pardonneras.
Pour t'indiquer d'où venait ce message,
  Comment faire? quel embarras!
  Je n'avais rien, non rien, hélas!
  Que mon anneau de mariage.

Oh! Urbain doit comprendre!..

BERLIGOY. S'il comprendra!..

NICOLETTE. Mais l'enfant tiendra-t-il parole?.. trouvera-t-il Urbain?.. et puis, d'ici là, que de dangers!

BERLIGOY. Du danger, avec moi!.. tant qu'on ne m'aura pas haché menu, menu!.. (*il fait le moulinet avec sa toise*) qu'ils y viennent donc!...

NICOLETTE. N'y a-t-il donc aucun moyen de fuir?

BERLIGOY. Sans c'te gueuse d'eau qu'est partout...

NICOLETTE. En descendant avec l'échelle (*montrant le fond*), tiens, par là...

BERLIGOY. Ouiche!.. regarde donc!... une muraille toute hérissée d'artichauts de fer et de tessons de bouteilles... et puis, le pied de l'échelle, où le caler?.. dans la rivière? ah! je me rapelle... de l'autre côté de la maison, là bas... une petite langue de terre qu'avance... on pourrait...

NICOLETTE. Eh bien?..

BERLIGOY, *découragé*. Eh ben! est-ce qu'il ne faudrait pas traverser le toit d'abord?.. car la maison, faut pas y penser... tout est barricadé.

NICOLETTE. N'y a-t-il donc plus d'espoir?

(Musique. On entend dans le lointain la voix d'Urbain.)

URBAIN, *appelant*. Nicolette!..

NICOLETTE, *prêtant l'oreille*. Attends...

BERLIGOY. Quoi donc?..

URBAIN, *appelant plus près*. Nicolette!..

NICOLETTE. Oui... je reconnais sa voix.

BERLIGOY. Urbain!

NICOLETTE, *courant au fond ainsi que Berligoy*. Je le vois!.. je le vois!.. (*A Urbain.*) Ah! prends donc garde!

URBAIN, *qu'on ne voit pas*. N'aie pas peur!.. Berligoy, ta toise...

BERLIGOY. Du tout!.. veux-tu ben... veux-tu ben te décramponner?

NICOLETTE. Tu vas te tuer!

URBAIN. Qu'importe?.. pour te revoir...

BERLIGOY, *à Urbain*, *en le menaçant avec sa toise*. Allons, voyons, saperlotte!.. à ce batelet... décramponne-toi, ou je cogne!..

URBAIN. Mais que faire alors?..

BERLIGOY. Attention!.. vire de bord... bon!.. prends-moi à revers la maison... bon!.. attache solidement ton batelet à un méchant brin de terre, une lichette qu'avance, et attends que j'entre en danse, moi et mon échelle.... l'affaire d'un quart d'heure!.. ne te mange pas les sens... le quart d'heure d'après, je te campe par ici... et puis, à nous deux, nous voirons...

URBAIN. Mais...

BERLIGOY. Je te dis : nous voirons... c'est clair... pars donc du pied gauche.

URBAIN, *dont la voix s'éloigne*. Oui, oui... à bientôt, ma Nicolette.

NICOLETTE. Oui, mon Urbain... Et bien de la prudence!..

BERLIGOY, *crachant dans ses mains, les frottant, et prenant son échelle.* Vite à mon échelle! (*Pendant qu'il monte.*) Ah! gueux de comte... scélérat d'altesse... t'apprendras, t'apprendras ce que c'est que nous autres du peuple... un fameux pied de nez que je te mitonne!.. (*Il arrive au toit. En y posant le pied.*) Et, quant à ton toit, pus souvent que je l'achèverai... ça ne sera pas du Berligoy, t'auras de la camelotte, v'là ta punition! (*Il commence à tirer à lui, à grand'peine, l'échelle par-dessus le toit. De la voix d'un homme qui s'efforce.*) Ah! houp!

NICOLETTE. Ciel!.. si tu tombais!

BERLIGOY, *qu'on ne voit plus.* Ote-toi!... ôte-toi!... gare les atous!.. je serais pas maître!... ça ne se manie pas comme un jonc, ce joujou là!.. (*L'échelle est soulevée horizontalement à la hauteur du toit.*) V'là qu' ça vient!..

(Tout d'un coup, elle lui est échappée, et va retomber. Il reparaît sur le toit, la ressaisit, et, presque entraîné par elle, est sur le point de perdre l'équilibre.)

NICOLETTE, *qui l'observe avec anxiété, poussant un cri.* Ah!

BERLIGOY, *qui a repris son aplomb.* Pas de cris!... ça me connaît!.. (*Il disparaît de nouveau, et bientôt après lui l'échelle, qu'on l'entend traîner sur le toit. Il ajoute d'une voix éloignée.*) Fait! ah! fait!

SCENE VII.

NICOLETTE. Quelles angoisses!.. si un malheur..

AIR: *Ah! j'ai peur de l'aimer* (de Dufort).

Ah! d'effroi mon âme est saisie ;
Pour moi, quand ils risquent leur vie,
Je ne puis que prier à genoux...
A ta bonté je me confie.
Oh! mon Dieu! mon Dieu! sauve-nous!

DEUXIÈME COUPLET.

Pitié pour ma douleur amère!
Daigne finir notre misère.
En ce jour, rends-moi mon époux ;
C'est mon seul appui sur la terre!
Oh! mon Dieu! mon Dieu! sauve-nous!

(*Elle s'agenouille.*)

Eh! mais, dans cette avenue... le misérable de ce matin!.. et quelqu'un avec lui!.. que vois-je!.. cet étranger d'hier soir!... ah! si c'était!... où me cacher?.... (*Montrant le bosquet à gauche.*) Là! là!..

(Elle s'y réfugie.)

SCENE VIII.

NICOLETTE, *cachée*, LE COMTE, *en habit de chasse très-riche, un fusil à la main*, AUBRY.

AUBRY. Oui, monseigneur... dans le petit boudoir...

LE COMTE. Ainsi elle menaçait donc d'une résistance héroïque?

AUBRY. Ces filles du peuple... aucun usage!.. ça crie, ça pleure... mais, grâce à nos mesures, il n'y a que les larmes qu'on n'aura pu épargner à votre altesse.

LE COMTE. Les larmes!.. je ne les hais pas... c'est amusant... ça varie.

NICOLETTE, *à part.* Quelle horreur!

LE COMTE. C'est si joli, deux beaux yeux brillans de colère, d'où semblent s'échapper des perles!..

AUBRY. Monseigneur a toujours eu les idées poétiques... s'il daignait rimer, il éclipserait Voltaire...

LE COMTE. Fi donc!.. c'est le bourdonnement de ces auteurs qui viennent manger chez moi... mais, cette petite qui attend... et la chasse du roi, que je dois rejoindre dans une heure. (*A Aubry.*) Eh!.. eh!..

(Il cherche le nom.)

AUBRY, *qui a fait quelques pas, s'arrêtant.* Aubry!

LE COMTE. Aubry... un mot...

AUBRY. Monseigneur...

(Le comte lui fait signe d'approcher, et attend qu'il soit au bas du perron, sur lequel il s'appuie nonchalamment.)

LE COMTE. Recommande encore à.. eh!.. eh!.. mon écuyer...

AUBRY. Jourdan...

LE COMTE. Oui... Jourdan... ces noms de peuple, je suis brouillé à mort avec eux!.. recommande-lui les plus grands soins pour ma chère Diane.

AUBRY. Oui, monseigneur...

LE COMTE. Pauvre bête!.. que j'aime à un point!.. et je viens de lui donner tant de coups d'éperons... qu'il lui essuie bien la sueur... et le sang...

AUBRY. J'y veillerai moi-même, monseigneur.

LE COMTE. Ah!.. c'est qu'on ne se figure pas combien je la chéris.

(Il prend une prise, et lance du tabac dans les yeux d'Aubry.)

AUBRY, *se frottant les yeux.* Monseigneur est si bon!

LE COMTE, *brusquement.* A notre belle pleureuse!..

(Il entre dans le pavillon, dont il referme la porte sur lui. Aubry sort par l'avenue.)

SCENE IX.

NICOLETTE, *sortant du bosquet.*

Qu'allons-nous devenir?.. ah! ce n'est plus pour moi que j'ai peur... moi, je mourrais, mais... mon Urbain!... sans lui, que deviendrait sa pauvre mère!.. mon Dieu! mon Dieu!.. quel moyen prendre?.. et eux qui ne se doutent pas... qui arriveront bientôt .. comment les avertir?... si je pouvais voir où ils en sont... (*Elle va du côté opposé au pavillon et monte sur un banc de pierre.*) Non, non... rien... rien encore!... essayons par là...

(Elle court vers le parapet, et se penche en regardant du côté de la maison.)

SCENE X.

LE COMTE, NICOLETTE.

LE COMTE, *sans la voir, sortant furieux du pavillon.* La vieille!.. c'était la vieille!.. ah! mons Aubry, une pareille mystification!... vous saurez ce qu'on gagne à oser se jouer de moi; et morbleu!..

NICOLETTE. Rien!.. rien non plus par ici!..

(Elle se retourne.)

LE COMTE. Que vois-je!

NICOLETTE, *l'apercevant.* Ah!..

(Il se trouve du côté de l'avenue, et elle du côté de la maison.)

LE COMTE. Allons... Aubry n'était pas le coupable... je devine tout...

NICOLETTE, *à part.* Comment l'écarter d'ici... leur donner le temps?..

LE COMTE. C'est donc vous, charmante rebelle, qui avez joué ce tour à la vieille duègne?

NICOLETTE, *à part, comme frappée d'une idée.* Oui, ce moyen seul...

LE COMTE, *riant.* Ah! ah! ah!... d'honneur, on n'a pas plus d'esprit...

NICOLETTE, *affectant un air gai et décidé.* N'est-ce pas?.. pour une fille du peuple...

LE COMTE. Mais tu ne m'échapperas pas...

NICOLETTE. Ai-je l'air d'y tâcher?

LE COMTE, *surpris.* Plaît-il?

NICOLETTE. Je me suis dit : quel que soit le maître de cette maison, il y a chez lui trop d'élégance, trop de bon goût, pour qu'il ne veuille pas m'en faire les honneurs, et alors je ne dois pas l'attendre comme une prisonnière.

LE COMTE, *flatté.* M'attendre.... comment?.. tu m'attendais donc?

NICOLETTE. Dam!

AIR : *J'en guette un petit de mon âge.*

Était-ce pour me laisser seule
Qu'on m'avait fait enlever hier soir?

LE COMTE.

Très-bien... charmante... et pas du tout bégueule...
Que disait-on?.. des cris, du désespoir,
Et des douleurs que tu faisais paraître?

NICOLETTE.

Devant des valets!...

LE COMTE.

Encor mieux!
Oui, la vertu, c'est assez bon pour eux;
Le plaisir n'est que pour leur maître.

NICOLETTE, *à part.* Dieu soit loué, il m'écoute.

(Elle jette de temps en temps des regards furtifs sur le toit.)

LE COMTE. Nous voilà donc bons amis?

NICOLETTE. Mais... comme hier.

LE COMTE. Est-ce que tu m'avais deviné?

NICOLETTE. Peut-être.

LE COMTE. Et sans effroi?..

NICOLETTE. Je répondrai à cela quand vous l'aurez mérité... et, pour commencer, je suis curieuse... il faut que vous me promeniez un peu là-bas, dans le parc.

LE COMTE, *à part.* Ah! dans le parc!... (*Haut.*) Si nous commencions notre visite par la maison?...

NICOLETTE, *vivement.* Non, non!.. le parc d'abord... c'est ce qui me tente.

LE COMTE. Mais...

NICOLETTE. C'est comme ça... un caprice.

LE COMTE. Que je satisferai tout-à-l'heure.

NICOLETTE. Tout de suite... les caprices avant tout... Ce qui nous plaît dans un amant grand seigneur, c'est qu'il nous traite en grandes dames...

LE COMTE. Demain, soit... je serai ton esclave... mais aujourd'hui... je n'ai plus que quelques instans, et je serais impardonnable...

(Il veut s'approcher d'elle pour lui prendre la taille.)

NICOLETTE, *reculant.* Laissez-moi.

LE COMTE. Enfant! viens, te dis-je, suis-moi.

NICOLETTE. Non.

LE COMTE, *lui saisissant le bras.* Je le veux.

NICOLETTE, *se débattant et lui échappant.* Jamais!.. puis qu'il ne me sert plus à rien de me contraindre, jamais! jamais!

Air *de Turenne.*

Je te méprise et je t'abhorre !

LE COMTE, *riant.*

Quel changement !... tu m'enchantes d'honneur !
Variété qui t'embellit encore.

NICOLETTE.

De m'attaquer, moi, femme, as-tu le cœur ?

LE COMTE.

Je suis très-brave !...

NICOLETTE.

Eh bien ! crains ma fureur !
J'oserai tout pour ma défense.

LE COMTE.

Merci !... mon bonheur est complet ;
Pour me plaire, il ne te manquait
Que de me faire résistance.
(*Il s'avance sur elle.*)
J'aime beaucoup la résistance.

Allons... c'est trop hésiter...

(Il la prend par le bras, et veut l'entraîner. Musique jusqu'à la fin de l'acte.)

NICOLETTE, *reculant jusqu'à la muraille.* Laissez-moi... (*Elle aperçoit le réchaud.*) Ah !.. (*Elle saisit le fer que Berligoy y a mis, le retire rouge et le porte au visage du comte.*) Tiens !

LE COMTE, *reculant.* Eh bien ! eh bien !..

NICOLETTE. Lâche !

SCENE XI.

Les Mêmes, BERLIGOY et URBAIN, *sur le toit.*

URBAIN, *paraissant.* Misérable !...

BERLIGOY, *de même.* Hardi ! hardi ! Nicolette !.. roussis-le... roussis l'altesse !

LE COMTE, *levant les yeux.* Qu'entends-je !..

(Urbain s'avance imprudemment sur le bord du toit ; Berligoy le retient.)

NICOLETTE, *effrayée du péril d'Urbain.* Urbain !...

(Le fer lui échappe de la main.)

URBAIN, *au comte.* Tremble !

LE COMTE. Insolent !... c'est à toi de trembler !

(Il saisit son fusil.)

NICOLETTE, *s'élançant vers lui.* O ciel !

LE COMTE, *la repoussant.* Arrière !

(Elle tombe devant le bosquet ; le comte ajuste.)

NICOLETTE, *se traînant à genoux vers le comte.* Grâce ! grâce !... pitié !..

BERLIGOY, *attirant Urbain à lui.* Gare à toi, Urbain !..

(Le comte tire.)

NICOLETTE, *poussant un cri, et retombant évanouie.* Ah !..

BERLIGOY, *sans être vu.* Dieu de Dieu !.. Urbain !.. (*On entend le bruit d'un corps tombant dans l'eau, derrière le pavillon.*) Nicolette, prie pour moi... je le sauve ou je meurs avec lui.

(On entend, pour la seconde fois, le même bruit.)

SCENE XII.

LE COMTE, NICOLETTE *évanouie*, AUBRY, *arrivant par l'avenue.*

AUBRY, *vivement.* Quel bruit, monseigneur ! qu'est-il arrivé ?

LE COMTE, *d'un ton féroce.* De quoi te mêles-tu ?.. va-t'en !

AUBRY. C'est que monseigneur ne sait pas...

LE COMTE. Va-t'en !

AUBRY. Que le roi...

LE COMTE, *avec effroi.* Le roi...

AUBRY. Va être ici, dans l'instant.

LE COMTE. Ici ?

AUBRY. Son carrosse est à la grille... pendant qu'on l'ouvrait je lui ai entendu dire : — « Bonne surprise à faire à notre » cousin, pour punir ses refus d'hier. » Aussitôt, je suis accouru.

LE COMTE. Malédiction !.. que faire ?

AUBRY. Quoi ! monseigneur, vous n'allez pas au-devant de lui ?

LE COMTE. Oui... oui... je... il le faut !... toi, là !.. là !.. (*Montrant le bosquet.*) Cette femme !

AUBRY. Ah !..

(Il court à Nicolette, et se place de manière à la masquer ; on entend crier au dehors : *Vive le roi !*)

SCENE XIII.

Les Mêmes, Gentilshommes, Gardes, Piqueurs, *et ensuite* LE ROI.

UN OFFICIER, *entrant après tous les autres.* Le Roi !

NICOLETTE. Le roi !.. ah !..

(Elle veut se relever ; Aubry lui met la main sur la bouche et étouffe ses cris. En ce moment le roi entre ; il est en habit de chasse. Le comte va à sa rencontre.)

LE ROI, *gaîment.* Eh bien ! mon cousin, que dites-vous de ma vengeance ?

LE COMTE. Ah ! sire !...

(Il s'incline pour baiser la main du roi, qui lui prend la sienne et la serre. Tableau. Le rideau baisse.)

FIN DU SECOND ACTE.

ACTE III.

LUCIENNES.

Le théâtre représente un pavillon de chasse, à Luciennes. Au fond, une fenêtre s'ouvrant sur un balcon, qui est censé dominer la campagne. Portes latérales; de chaque côté du théâtre une table couverte d'un tapis.

SCENE PREMIERE.

GERBEAU, PIQUEURS.

CHOEUR.

AIR *nouveau de* M. DE FLOTOW, *ou air de chasse du deuxième acte de Guillaume-Tell.* (Rossini.)

La chasse est terminée;
Et du cerf aux abois,
Dans les bois,
Cette belle journée
A vu, grâce à nos bras,
Le trépas.
Sonnez, sonnez, fanfare;
Annoncez nos succès,
Et qu'un gai tintamarre
Célèbre nos hauts faits.

GERBEAU, *entrant après le chœur.* Soyez les bien-venus à Luciennes, mes amis; le roi vient d'y arriver avec son cousin, monseigneur le comte de Charolais; sa majesté est, en ce moment, près du grand vivier, où elle s'occupe à jeter du pain aux cygnes. Allez, selon l'usage, lui présenter le pied du cerf que vous avez forcé ce matin. Vous ne vous en irez pas les mains vides: notre roi est si bon!.. Il y a plaisir à vous faire casser bras et jambes à ses chasses, parce qu'au moins il vous donne pour boire à sa santé. (*Un piqueur lui présente un fusil.*) Qu'est-ce que c'est que ça? Ah! le fusil de sa majesté, pour tirer des hirondelles de ce balcon... selon sa coutume. Posez-le là, mon ami, avec précaution, car il est chargé sans doute. (*Le piqueur pose le fusil près de la fenêtre du fond.*) Là, voilà ce que c'est... maintenant, allez, mes amis.

REPRISE DU CHOEUR.

La chasse est terminée, etc.
(*Ils sortent.*)

GERBEAU. Quelle place que la mienne! suisse d'un pavillon de chasse du roi!.. que de profits!.. ce matin, par exemple, sa majesté s'est mise en nage dès le point du jour: pourquoi? pour me donner du gibier. Elle a le pied du cerf, c'est trop juste... mais le reste de la bête est pour moi; et ce déjeuner, ces provisions apportées à grands frais de Versailles, cette voiture de poisson que le bonhomme Pégriel vient de conduire ici, de quoi suffire au carême de tout un couvent de Chartreux; tout ça, pour moi encore, grâce à la desserte, une des plus belles institutions de la monarchie!

SCENE II.

PÉGRIEL, GERBEAU.

PÉGRIEL, *à la cantonnade.* Oui; hâtez-vous... et dès que la voiture pourra se remettre en route...

GERBEAU. Eh! c'est l'ami Pégriel! comment! est-ce que vous partiriez sans avoir déjeuné avec nous?

PÉGRIEL, *tristement.* Merci, Gerbeau... je n'ai pas faim.

GERBEAU. Bah! bah!.. quand c'est de la table du roi... au moins, vous boirez un coup.

PÉGRIEL. Je n'ai pas soif.

GERBEAU. Laissez donc... c'est de la cave du roi... Qu'est-ce qui vous presse?.. ah! j'y suis... cette noce, à laquelle vous m'aviez invité hier, et où je regrette de n'avoir pu me rendre, pour faire connaissance avec votre nièce... Ah ça! il paraît que, comme dans toutes les bonnes fêtes, la noce a un lendemain?

PÉGRIEL. Un lendemain? (*Avec un soupir.*) Lequel, mon Dieu!

GERBEAU. Ce soupir!.. dites donc, dites donc, est-ce qu'il y aurait déjà de la brouille dans le ménage? c'est trop tôt! feu ma défunte et moi, nous y avions mis une semaine.

PÉGRIEL, *avec une douleur concentrée.* Ah! Gerbeau! Gerbeau!

GERBEAU, *étonné.* Quoi donc?

PÉGRIEL, *mystérieusement.* Il faut que vous me rendiez un grand service; que, par votre protection, vous me procuriez, en secret, un passe-port.

GERBEAU. Pour qui?

PÉGRIEL. Pour trois personnes... du moins, je l'espère.

GERBEAU. Quelles personnes?

PÉGRIEL. A un vieil ami comme vous, sûr et discret, je puis tout confier: c'est moi d'abord, et puis ma nièce, si je la retrouve; son mari, si on le sauve.

GERBEAU, *stupéfait.* Hein? Qu'est-ce que ça signifie?

PÉGRIEL. Ça signifie que je suis au désespoir, et que le pire, c'est qu'il faut que je le cache, que je me contraigne, pour ne pas attirer sur moi... bah! sur moi, ça ne serait rien, mais sur ces pauvres enfans, des dangers plus grands encore!

GERBEAU. Des dangers!

PÉGRIEL. Figurez-vous que, ce matin, je venais de terminer la pêche à l'écluse; les mariniers l'emportaient, et je m'en revenais seul sur un bateau, lorsqu'en cotoyant un petit îlot, j'entends comme des gémissemens sourds.... je m'approche.... quel spectacle!.. Urbain, le mari de ma nièce, cramponné convulsivement aux herbes du rivage, évanoui, tout sanglant, une blessure à l'épaule...

GERBEAU. Bonté divine!

PÉGRIEL. Ce n'est pas tout. Transporté chez moi, pendant que je lui donnais les premiers secours, dans son délire, dans sa fièvre, ces mots qu'il prononçait sans me reconnaître: — « Nicolette !.. perdue, enlevée !.. lâche ravisseur ! »

GERBEAU. Un enlèvement! un meurtre! et soupçonnez-vous quelqu'un?

PÉGRIEL. Oh! ce ne sont pas les soupçons qui me manquent.

GERBEAU. Eh bien! courez vous jeter aux pieds du roi.

PÉGRIEL. Dieu m'en préserve!

GERBEAU. Quel mystère?

PÉGRIEL. Jamais assez grand... pour eux, dans leur intérêt... il ne leur reste que la fuite.

GERBEAU. La fuite!

AIR : *Vaudeville de Préville et Taconnet.*

A l'étranger, dans quelque asile obscur,
Où d'les trouver il n'soit jamais possible,
C'est, croyez-moi, l'seul parti qui soit sûr
Pour éviter quelqu' malheur plus terrible.
Sans ça, partout on les persécut'rait.
Les grands seigneurs, dans leur colère,
Pardonn'nt rar'ment l'mal qu'ils ont fait,
Jamais celui qu'ils n'ont pu faire.

Grâce à Dieu, si j'en crois le médecin, la blessure d'Urbain n'est pas grave, et, une fois la fièvre tombée, bientôt, aujourd'hui peut-être, il pourra marcher... moi, pendant ce temps, à tout prix, je découvre la prison de Nicolette... je l'en arrache... et, sans tarder, pourvu que j'aie un passe-port...

GERBEAU. Vous l'aurez, mon ami; justement, je suis en crédit; le premier valet de chambre de sa majesté, M. Lebel, m'a parlé d'une intrigue contre Mme de Pompadour... une jeune comtesse de province, qu'on a vantée au roi... qui doit lui être présentée dans ce rendez-vous de chasse, sous un prétexte en l'air... et, comme en cas d'échec, les grands meneurs auront besoin de mon silence, on ne me refusera rien... votre passe-port sera prêt ce soir.

PÉGRIEL, *lui serrant la main.* Mon ami, j'avais raison de compter sur vous... je vais presser le départ de la voiture, afin de pouvoir retourner près d'Urbain, sans éveiller les soupçons... merci, Gerbeau, merci, mille fois.

SCENE III.

GERBEAU.

Merci!.. de quoi? d'un exil! pauvre cher homme!.. à son âge! et il n'a pas tort. Si j'ai bien deviné ce qu'il me cache, si c'est son maître, le comte de Charolais... c'est que personne n'oserait aller dire au roi... il ne le croirait pas d'abord... car enfin, le comte est son cousin... et, dans une affaire comme ça, ceux qui ont été victimes seraient peut-être encore enfermés comme calomniateurs... Oh! oui, qu'ils partent tous, qu'ils s'éloignent. Heureusement, je puis les y aider, grâce à cette intrigue, pour donner une nouvelle maîtresse au roi. (*On entend un coup de cloche. Gerbeau va regarder sur le balcon.*) Qui sonne à la grille? Eh! mais, qu'est-ce que je vois là?.. un ouvrier qui a l'air de soutenir une jeune fille, très-bien mise, ma foi, pour une paysanne... et jolie!... oh! mais, charmante, quoiqu'un peu pâle... On leur refuse l'entrée... il faut pourtant savoir... (*Criant à la cantonnade.*) Laissez, laissez!.. Ah! à la bonne heure, on leur ouvre; on les envoie à moi.

(On voit paraître Nicolette, très-pâle et abattue, avec Berligoy, qui la soutient.)

SCENE IV.

BERLIGOY, NICOLETTE, GERBEAU.

BERLIGOY, *en entrant à Nicolette.* Allons, avance donc... aie pas peur.

NICOLETTE. Oh! mon Dieu! je suis fâchée d'être venue à présent.

BERLIGOY. Qu't'es enfant donc!.. puisque je suis là.

GERBEAU, *à Nicolette.* Que demandez-vous, mademoiselle?

NICOLETTE. Monsieur, le roi ne vient-il pas après la chasse se reposer dans ce pavillon?

GERBEAU. Il y est déjà.

NICOLETTE. Il y est! Dieu soit loué! oh! monsieur... au nom du ciel, laissez-moi arriver jusqu'à lui.

GERBEAU. Jusqu'à sa majesté?

BERLIGOY, *d'un air sombre.* Oui, faut qu'elle y parle.

GERBEAU. Mais...

BERLIGOY. Faut qu'elle y parle, que je vous dis.

GERBEAU. J'entends bien... mais, d'abord, qu'est-ce qui vous amène?

NICOLETTE. Je ne puis le dire qu'au roi seul.

GERBEAU. Je vous répète qu'on ne lui parle pas comme ça.

NICOLETTE, *pleurant.* Hélas! une pauvre fille qui, après Dieu, ne peut recourir qu'à lui.

GERBEAU. C'est donc bien grave?

BERLIGOY. Si ça l'est!.. voyez donc ses larmes!

GERBEAU. En effet, elle m'attendrit... et, après tout, ici, où il n'y a pas l'étiquette de Versailles... Attendez, mon enfant, attendez là... je vais essayer.

NICOLETTE. Oh! merci! merci!

GERBEAU. Non, non, pas encore... je ne garantis rien... (*A part.*) Mais, enfin, le roi est de bonne humeur... et, quand il saura qu'elle est jolie, ça piquera peut-être sa curiosité. (*En sortant.*) Attendez, attendez-moi là... je vas parler à M. Lebel. (*A part.*) Elle a l'air de l'innocence même.

(Il sort.)

SCENE V.

BERLIGOY, NICOLETTE.

BERLIGOY. Pauvre Nicolette! faut-il que t'aies de la force!.. Tiens, ça me fait honte! Dire que moi, quand je me suis jeté à l'eau pour repêcher Urbain, la secousse, le saisissement, une vraie poule mouillée, quoi, je m'ai trouvé mal!.. après ce que je lui devais, c'est ignoble!.. c'est d'un mauvais cœur!.. parce qu'ensuite j'ai eu beau me remettre à plonger partout... il était trop tard.

NICOLETTE. Ah! tais-toi! tais-toi!

BERLIGOY. C'est juste... te reparler de ça... comme si tu n'en souffrais pas déjà trop... mais tu te retiens... moi... je peux pas.

NICOLETTE. Oh! c'est que j'ai un devoir à remplir... un devoir que je me suis juré, lorsque, après m'être échappée dans le désordre qui a suivi l'arrivée du roi, je t'ai trouvé épuisé de fatigue, de recherches, et n'ayant plus d'espoir... Mon Urbain! ah! ce ne sont pas des larmes que sa mémoire demande..... j'ai toute ma vie pour le pleurer : mais, aujourd'hui, il me faut justice.

BERLIGOY. Plus souvent que tu l'obtiendras!.. la justice, vois-tu... c'est une chose trop rare pour qu'on en donne à de pauvres gens comme nous. Le roi dira : — « Tiens! c'te petite! elle est toute drôlette! » Il te passera la main sous le menton... et puis, une fois le dos tourné, il ne pensera plus à toi... Ah! si tu m'avais laissé faire, je m'aurais embusqué dans la forêt, j'aurais attendu le meurtrier à soixante pas, et je l'aurais eu, moi, justice, au bout de mon fusil.

NICOLETTE. Insensé!.. et aussitôt, saisi, livré au supplice...

BERLIGOY. Tant pire! on tient sa vengeance.

NICOLETTE. Et la pauvre mère d'Urbain! qui aurait pris soin avec moi de ses vieux jours? qui aurait travaillé pour elle? Hélas! elle est tout ce qui nous reste de lui... c'est à elle que nous nous devons.

BERLIGOY. Je sens ben... c'est avec ça que tu m'as retenu... Gn'y a pas à dire, faut que je vive... est-ce enrageant!.. scélérat de comte!.. va, sans la pauvre chère femme!... Mais aussi, prie pour qu'ell' dure... parce qu'après elle... oh! je m'en donnerai!.. j'aurai un moment de jouissance!

SCENE VI.

LES MÊMES, GERBEAU.

GERBEAU, *rentrant, à part.* Suis-je assez dupe! m'aller faire rire au nez par M. Lebel!.. Comment n'ai-je pas deviné aussitôt que lui sa protégée?... c'était si clair!.. un déguisement, un prétexte!..

BERLIGOY, *bas à Nicolette.* Vlà le vieux!

NICOLETTE. Ah! monsieur!.. eh bien?

GERBEAU, *d'un ton froid.* Eh bien! mademoiselle... (*A part.*) C'est ce diable d'air d'innocence!.. je m'en méfierai à l'avenir!

NICOLETTE. Que dois-je espérer?

GERBEAU. Sa majesté va diriger sa promenade par ici... elle daignera vous voir.

NICOLETTE. Ah! monsieur!.. quelle reconnaissance!

GERBEAU. Aucune... le hasard seul... ce n'est pas moi qui me mêle ordinairement de ces audiences-là.

BERLIGOY. Vous n'en êtes qu'un plus brave homme... un homme parfaitement brave... touchez là.

GERBEAU, *retirant sa main.* Eh bien! par exemple... (*A part.*) L'effronté!.. un intrigant, déguisé aussi!... c'est peut-être le mari, seulement.

BERLIGOY, *à part.* Font-ils leur tête à c'te cour!.. (*Haut.*) Y a pas d'offense.

GERBEAU. C'est bon, c'est bon... détalez, mon cher.

BERLIGOY. Comment, que je détale!

GERBEAU. Certainement; ce n'est pas vous qu'il s'agit de faire voir au roi.

BERLIGOY. Tiens!.. quand il me voirait!... je ne suis p't'être pas bon à voir!..

NICOLETTE. Monsieur, ne peut-il rester ici ?

GERBEAU. A quoi bon, mademoiselle?

NICOLETTE. Oh! c'est que, seule, livrée à moi-même, je n'aurais peut-être pas la force... j'ai bien peur!..

GERBEAU. Peur!.. (*A part, un peu ému.*) Pauvre petite!.. entraînée, contrainte peut-être!... (*Il va à elle; Berligoy s'approche pour écouter, mais un regard de Gerbeau le fait reculer; celui-ci prend la main de Nicolette.— Haut.*) Ecoutez... il est encore temps... si ça vous effraie... je ne suis pas chargé de vous retenir... partez, partez vite... je vous ferai ouvrir la grille, avant que le roi vienne.

NICOLETTE, *avec énergie.* Partir!.. sans le voir... non, non, monsieur... je resterai... je resterai seule... (*Montrant Berligoy.*) Vous pouvez l'emmener.

GERBEAU, *haussant les épaules.* Cet aplomb!.. ce ton décidé!... moi qui me laissais prendre encore à des grimaces... pour le coup, je suis trop bête!.. (*A Berligoy.*) Allons! marchez devant moi.

BERLIGOY. C'est bon... J'y allons.

GERBEAU. J'y allons! j'y allons... c'est bon... avec votre affectation de mal parler!... je ne suis pas dupe.

BERLIGOY. Dupe... de dequoi?

GERBEAU, *avec indignation.* Assez... assez!.. conduire ici cette jeune fille!.. la sacrifier...

BERLIGOY. Hein?

GERBEAU, *cherchant une clef dans sa poche.* Passez donc... je vais vous conduire quelque part où vous pourrez attendre madame.

BERLIGOY. Oùs?

GERBEAU. Dans les combles du pavillon.

BERLIGOY, *à part.* Les combles!... bravo... ça me connaît... y a du louche... faut que je revienne... (*Montrant une corde roulée dans son chapeau.*) J'ai de la corde et des crampons... et, quand on sait grimper comme moi, on trouve toujours moyen...

GERBEAU. Finirons-nous?

BERLIGOY. Voilà! (*A Nicolette, en passant.*) Je reviendrai...

GERBEAU. Hein?..

BERLIGOY, *près de la porte.* Rien... je m'en vas.

(Ils sortent tous deux par la gauche.)

SCENE VII.

NICOLETTE.

Je me soutiens à peine!.. tant de crises coup sur coup! un enlèvement le jour de mon mariage!... Urbain tué à mes yeux!.. ma fuite... et moi ici!.. chez le roi!.. près de lui parler!.. il me semble que tout cela est un rêve!.. ah! un rêve affreux, et qu'en m'éveillant, je vais mourir... On vient... (*Regardant à la porte de droite.*) Ah! mon Dieu! c'est le roi! je n'ai pas une goutte de sang dans les veines!

(Elle se retire sur le balcon. Le roi entre, suivi du comte de Charolais.)

SCENE VIII.

LE ROI, LE COMTE, NICOLETTE, *au fond.*

LE ROI, *bas au comte, gaîment.* Oui, mon cousin, une comtesse pur sang!.. ils l'ont fait venir de province, pour supplanter Mme de Pompadour.

LE COMTE. Vraiment, sire?...

LE ROI. Lebel m'a prévenu... mais je les attraperai bien... un caprice, soit, et rien de plus... je ne veux pas affliger cette bonne marquise.

LE COMTE. Et pourquoi donc?.. elle ne le saura pas.

LE ROI, *riant.* Ah mon cousin! vous êtes un grand corrupteur!

LE COMTE, *de même.* Votre Majesté me flatte.

LE ROI. Peut-être... car j'aime à croire que vous valez mieux que votre réputation. Nous avons tant de fanfarons de vices... Mais où est-elle, cette Armide déguisée?

LE COMTE, *apercevant Nicolette qui est au fond, et qu'il ne reconnaît pas.* Là-bas, je crois, n'osant avancer.

LE ROI. Oui... la timidité, c'est dans son rôle. Approchez, jeune fille.

NICOLETTE, *à part.* Mon Dieu!.. donnemoi du courage!..

(Elle s'approche les yeux baissés et sans voir le comte, qui est caché derrière le roi.)

LE COMTE, *la reconnaissant, à part.* Ciel! qu'ai-je vu!

(Il se détourne de sorte que Nicolette ne puisse voir son visage.)

LE ROI. Ah! comte... elle est charmante!.. (*A Nicolette.*) Eh bien! mon enfant... pourquoi tremblons-nous?

NICOLETTE. Ah! sire! ce que j'ai à vous dire... je crains... je n'ose...

LE ROI, *bas au comte.* Ah! oui!.. l'histoire... le prétexte... ça m'amusera... et vous aussi, je gage...

LE COMTE, *à part.* Quelle position!

LE ROI, *à Nicolette.* Voyons donc ces grands chagrins... parlez...

NICOLETTE. Hélas! mon Dieu! en aurai-je la force... mon pauvre mari!..

LE ROI. Un mari!.. comment?.. (*Bas au comte.*) Par exemple, je ne m'attendais guère à ce début-là... (*A Nicolette.*) Vous, mariée!

NICOLETTE. Et veuve le même jour!..

LE ROI, *bas au comte.* Ah! ça répare... mais l'invention est drôle, n'est-ce pas?.. (*A Nicolette.*) Eh bien! donc, que venez-vous me demander?

NICOLETTE. Oh! rien pour moi, sire; c'est pour lui, pour lui seul!

LE ROI, *bas au comte.* Pour le défunt... elle s'embrouille... ah! ça, vous ne riez pas?

LE COMTE, *s'efforçant de rire.* Sire!

NICOLETTE. Il s'éloigne.. il ne m'écoute plus.

LE COMTE. En effet... comme vous disiez... je songe au chagrin de cette excellente marquise...

LE ROI. Elle n'en saura rien.

LE COMTE. Peut-être... Venez, sire...

(Il essaie d'emmener le roi.)

LE ROI, *avec impatience.* Ah! ça, comte... j'aime qu'on ait bon cœur... mais il y a temps pour tout. (*A Nicolette, en se rapprochant d'elle.*) Eh bien! ma toute belle, je suis tout prêt à vous consoler... ainsi ne parlons plus de ce mari... car, enfin, je ne peux pas vous le rendre.

NICOLETTE, *avec force.* Non, sire... mais le venger!

LE ROI, *un peu étonné.* Plaît-il?.. de quel ton elle dit cela!

NICOLETTE, *éclatant en sanglots.* Ah!.. sire! mon Urbain... tué! assassiné sous mes yeux!

LE ROI, *plus étonné.* Des sanglots!.. elle pleure!.. ah ça! est-ce que c'est vrai?

NICOLETTE. Si c'est vrai!.. ah! je disais bien... vous ne pouvez pas le croire.

LE ROI, *vivement.* Voyons, voyons!.. expliquez-vous!

NICOLETTE, *avec force et égarement.* Sire... un piége... une trahison infâme... hier... le soir même de notre union... séparée de mon pauvre Urbain... enlevée.., prisonnière toute une nuit!.. et ce matin, mon ravisseur... le barbare!.. je me débattais contre sa violence... à mes cris, mon mari accourt me défendre... Quel spectacle!.. ma raison s'égare... un coup de feu!.. un cri poussé par Urbain!.. je crois l'entendre encore... je le vois encore tomber tout sanglant dans le fleuve... ah! sire, vengeance, ou plutôt justice!..

(Le roi fait un mouvement.)

AIR : *C'était Renaud de Montauban.*

Oui, du cruel qui fit couler son sang
Je demande à vos pieds justice;
Vous la devez, et, quel que soit son rang,
Que sous vos lois sa puissance fléchisse.
Hésiteriez-vous à remplir
Ce vœu sacré, le dernier qui m'anime?
S'il est des grands pour oser un tel crime,
Vous êtes roi pour le punir.
Dieu vous fit roi (*bis*) pour le punir!

(*Elle tombe aux genoux du roi.*)

LE ROI. Ces accens... ces larmes qui m'ont ému jusqu'au fond de l'ame... oh! non, non!... ce n'est pas ainsi qu'on trompe!.. tu n'oserais pas te jouer à ce point!.. cet enlèvement... ce meurtre... c'est bien la vérité?

NICOLETTE. Je le jure!

LE COMTE, *à part.* Que faire?

LE ROI, *la prenant brusquement par la main, et la faisant approcher.* Mais l'assassin, alors... quel est-il?

(Le mouvement du roi a placé Nicolette tout à côté du comte; elle le reconnaît et pousse un cri d'effroi.)

NICOLETTE. Ah! le voilà!..

LE ROI. Le comte!..

LE COMTE, *avec confusion.* Sire!

LE ROI, *avec force.* Silence, monsieur!.. (*A Nicolette, plus doucement.*) Remettez-vous, mon enfant... remettez-vous... ce n'est pas en vain que vous vous êtes adressée au roi... vous aurez justice... nous vous le promettons. (*Il agite une sonnette placée sur la table.— Gerbeau paraît.*) Emmenez cette jeune fille... mais qu'elle ne s'éloigne pas... Allez, mon enfant... dans peu vous connaîtrez nos intentions.

(Nicolette sort conduite par Gerbeau.)

SCENE IX.

LE ROI, LE COMTE.

(Le comte est debout, à droite; le roi se promène pendant quelque temps avec agitation, et sans prononcer une parole; enfin il s'arrête devant le comte. Pendant toute cette scène, le roi, dont l'irritation est au comble, ne doit pas rester en place. Il s'arrête seulement de temps en temps pour jeter ses paroles à la face du comte.)

LE ROI. Eh bien! monsieur, vous ne vous justifiez pas... savez-vous que vous avez commis là un crime infâme?..

LE COMTE. Un crime!.. ah! sire!... je me croyais en droit d'attendre de Votre Majesté plus d'indulgence.

LE ROI, *avec colère.* Est-ce un reproche que vous prétendez m'adresser?.. je vous trouve bien hardi!.. (*Le comte fait un geste de respect; le roi continue.*) De l'indulgence!.. j'en ai toujours pour des fautes, pour des erreurs, dont moi-même je ne suis pas exempt... mais pour la cruauté froide, sans objet, je n'ai que de l'indignation, du mépris!.. car, enfin, répondez, que vous avait-il fait ce malheureux que vous avez tué?.. Sa femme vous plaisait... eh! monsieur, moi aussi j'ai des maîtresses... c'est un reproche que l'histoire pourra me faire un jour... mais jamais elles n'ont coûté la vie à personne.

LE COMTE. Je supplie Votre Majesté...

LE ROI, *se reculant.* Arrière, monsieur... vous me faites horreur... je vois du sang sur vos mains!

LE COMTE, *avec dédain.* Du sang de peuple.

LE ROI. Eh! monsieur... ce peuple, ces ouvriers, ils travaillent, ils paient... je leur dois protection... pour eux... pour nous-mêmes... car, vous et vos pareils, vous en ferez tant que vous l'ameuterez, ce peuple, contre la monarchie... et elle finirait par ne pas durer autant que moi... mais j'y mettrai bon ordre.

LE COMTE, *à part.* Je ne l'ai jamais vu si irrité!

LE ROI. Si je faisais mon devoir de roi, voyez-vous, demain, en plein parlement, j'appellerais sur votre tête toute la rigueur des lois...

LE COMTE. Quoi! sire...

LE ROI. Malheureusement je ne puis donner cet exemple.

LE COMTE, *à part, avec joie.* Ah!

LE ROI. Oh! rendez grâce au nom que vous portez... lui seul peut vous protéger... vous êtes trop près du trône pour monter sur l'échafaud... je ne veux pas renouveler le scandale de l'exécution du comte de Horn... Ce serait fournir un trop beau texte aux criailleries des philosophes, des encyclopédistes... ma royauté n'est plus assez forte pour soutenir de tels assauts. Il faut, monsieur, à tout prix, assoupir cette affaire.

LE COMTE, *vivement.* Ah! oui, sire... et tous les sacrifices que vous exigerez...

LE ROI, *dédaigneusement.* C'est à vous de régler cela, monsieur... mais hâtez-vous... avant que les plaintes de cette jeune femme n'aient eu du retentissement.

LE COMTE. Oui, sire.

(Il se place à la table et écrit. En ce moment, Berligoy paraît à la fenêtre du fond, suspendu à une corde qui est attachée au toit; il descend sur le balcon et regarde dans l'appartement.)

SCENE X.

LE COMTE, *écrivant;* BERLIGOY, *sur la fenêtre;* LE ROI.

BERLIGOY. Ma foi, je n'y tenais plus dans la mansarde oùs qu'on m'a déposé. Faut que je sache ce qu'ils ont fait de Nicolette... Ah! deux beaux messieurs!

LE COMTE, *se levant et présentant au roi ce qu'il vient d'écrire.* Voyez, sire.

BERLIGOY, *à part.* Sire !.. Miséricorde ! c'est le roi !

LE COMTE. Peut-être Votre Majesté daignera-t-elle approuver...

BERLIGOY, *le reconnaissant.* Ah ! celui-là c'est mon homme !..

LE ROI, *lisant.* Une pension... la donation de votre pavillon de Bel Air... oui, voilà qui assure cette famille contre la misère.... c'est bien.... mais ne croyez pas que cela me suffise, monsieur... je ne dois pas souffrir que vous donniez plus long-temps de pareils exemples à ma noblesse... elle va déjà bien assez vite... vous partirez... vous quitterez la France...

LE COMTE. Un exil !..

LE ROI. Je vous donne vingt-quatre heures pour faire vos apprêts... et rappelez-vous bien mes paroles... je vous ai fait grâce pour cette fois... mais, je vous en préviens, si quelque parent, quelque ami de votre victime veut la venger et user de représailles envers vous... je jure, foi de gentilhomme, que j'accorderai des lettres de grâce pleine et entière à celui qui vous tuera.

BERLIGOY, *à part, avec joie.* Bravo !.. ça ne sera pas long...

(Il saisit le fusil qu'on a placé près de la fenêtre.)

LE ROI, *sonnant.* (*Gerbeau paraît.*) Ramenez cette jeune fille.

GERBEAU. Sire, elle n'est plus ici.

LE ROI. Comment ?.. j'avais ordonné...

GERBEAU. Elle a trouvé chez moi son oncle, qui est concierge chez son altesse... je ne sais ce qu'il lui a dit, mais elle est partie brusquement avec lui, sans qu'il m'ait été possible de la retenir.

LE ROI. Que l'on coure sur ses pas... qu'on lui remette cet écrit, et qu'on la ramène ici, sur-le-champ. Allez. (*Il donne à Gerbeau l'écrit que le comte lui a remis; Gerbeau sort ; le roi se tourne vers le comte.*) Quant à vous, monsieur... songez à m'obéir.

(Le roi sort, le comte le salue avec respect.)

SCENE XI.

LE COMTE, BERLIGOY, *toujours sur le balcon.*

LE COMTE. Allons, j'en suis quitte à meilleur marché que je ne croyais... une bagatelle... et quelques mois de voyage... car je connais Louis XV... sa colère n'est jamais de longue durée.

BERLIGOY, *regardant en dehors du haut du balcon.* Bon !.. v'là le roi qui descend dans les jardins avec toute sa suite... nous sommes seuls... à nous deux, mon gentilhomme...

(Il entre dans l'appartement.)

LE COMTE, *assis.* Il est pourtant bien dur... pour un malheureux coup de fusil tiré sur des espèces pareilles...

BERLIGOY. Attends... attends... je vais t'en donner de l'espèce...

(Il s'avance doucement; le bruit qu'il produit en faisant jouer la batterie du fusil pour voir s'il est chargé, fait retourner le comte à demi.)

LE COMTE. Hein... qui est là ?

BERLIGOY, *tenant le fusil derrière lui.* C'est moi, monseigneur, faites pas attention...

LE COMTE. Que veux-tu ?

BERLIGOY. Rien... une misère... un bout de conversation avec monseigneur.

LE COMTE. Je ne te connais pas.

BERLIGOY. Ah ! bah ! cherchez... Hier... à Rueil... c'te noce d'ouvriers...

LE COMTE, *l'examinant en riant.* Ah ! oui... c'est toi, qui, à l'arbalète...

BERLIGOY. Visais trop haut... Allons donc... allons donc...

LE COMTE. Et que viens-tu faire ici ?

BERLIGOY, *changeant de ton, et venant se poser devant lui en s'appuyant sur son fusil.* Je viens venger Urbain.

LE COMTE, *se levant.* Urbain !

BERLIGOY. Oui, Urbain, mon camarade... que vous avez assassiné.

LE COMTE. Misérable !

BERLIGOY. Possible !.. J'ai pas d'argenterie sur toutes mes coutures, mais, pour le quart d'heure, je préfère infiniment être dans ma peau que dans la vôtre.

LE COMTE. C'est trop fort !

(Il lève son fouet sur Berligoy ; celui-ci le tient en respect avec son fusil.)

BERLIGOY. Un instant ! (*Le comte jette son fouet avec rage. Berligoy se rapproche de lui.*) Ça vous étonne, pas vrai, que je nous aimions entre nous, que je ne nous laissions pas tuer comme des lapins... mais voilà... et, comme il y a cent à parier que la justice ne voudrait pas prendre fait et cause pour de pauvres diables comme nous contre un grand seigneur de votre espèce, pour lors je vas me la faire, à moi, la justice... et, puisque vous avez tué Urbain...

LE COMTE. Eh bien?

BERLIGOY. Eh bien! je vas vous tuer donc.

LE COMTE. Toi!

BERLIGOY, *armant le fusil.* Très-bien.

LE COMTE, *s'avançant pour lui arracher le fusil.* Drôle!.. veux-tu bien?..

BERLIGOY, *le mettant en joue.* Bougez pas!

LE COMTE, *à part.* C'est que la brute le ferait comme elle le dit.

BERLIGOY, *l'ajustant.* Allons...

LE COMTE. Tu m'écouteras peut-être?

BERLIGOY, *après un instant de réflexion.* Si ce n'est pas long.

(Il baisse son arme.)

LE COMTE. Cette affaire est arrangée, j'ai payé.

BERLIGOY, *avec un mouvement très-prononcé.* Vous avez payé!.. il est charmant! vous êtes charmant, grand seigneur... Ah! vous vous en viendrez dire comme ça : — « Tiens! » je m'ennuie aujourd'hui... v'là du peu- » ple sur le toit... faut que je m'amuse à » le déquiller... » Et v'lan!.. v'là le pauvre peuple par terre.... et puis, après ça, vous lui dites : — « Tiens, peuple, je t'ai » abîmé, v'là tout ce que j'ai de monnaie » sur moi, nous sommes quittes... » Merci! mon gentilhomme, c'est pas de l'argent qu'il me faut... Ah! vous avez l'idée de tirer sur les couvreurs!... moi, j'ai l'idée de tirer sur un comte... et, soyez calme... c'te fois-ci, je ne viserai pas trop haut.

(Il le couche en joue.)

LE COMTE. Sur un prince du sang!... mais il n'y aurait pas assez de supplices!

BERLIGOY. Des supplices!.. laissez donc, laissez donc... est-ce que je n'étais pas là tout-à-l'heure? est-ce que je n'ai pas entendu sa majesté le roi?... Oh! grand monarque, va!.. — « Je jure » qu'il a dit, « je jure, » foi de gentilhomme, que j'accorderai des » lettres de grâce pleine et entière à celui » qui vous tuera. »

LE COMTE, *à part.* Je suis perdu.

BERLIGOY. Ainsi, à nous deux! (*Il ajuste le comte; au même instant la porte qui est en face de lui s'ouvre. Urbain paraît, soutenu par Nicolette; il a le bras en écharpe. Berligoy, en l'apercevant, pousse un cri de joie.*) Urbain!

(Il laisse tomber son fusil.)

LE COMTE. Il n'est pas mort!

SCENE XII.

LE COMTE, PÉGRIEL, URBAIN, BERLIGOY, NICOLETTE, GERBEAU.

URBAIN, *courant à Berligoy.* Mon ami!

BERLIGOY, *le tâtant.* C'est-il bien toi, en chair et en os?

NICOLETTE. C'est mon oncle qui l'a sauvé.

BERLIGOY, *embrassant Pégriel.* Oh! vieillard! (*Au comte.*) Ma foi, monseigneur, il était temps... une minute plus tard, je lâchais mon chien.

(Ici, le roi paraît à la porte par laquelle il est sorti, et s'arrête un instant pour écouter.)

SCENE XIII.

LES MÊMES, LE ROI.

LE ROI, *à part.* Qu'entends-je?

BERLIGOY. Après ce coup-là, ma foi, j'aurais été me jeter aux pieds du roi... j'y aurais dit : « Sire, vous avez promis la grâce » à celui qui tuerait monseigneur le comte » de Charolais, je viens vous demander la » mienne. »

LE ROI, *s'avançant.* Et je te l'aurais accordée.

TOUS, *s'inclinant.* Le roi!

NICOLETTE, *aux genoux du roi.* Sire, mon mari est sauvé : daignez reprendre cet écrit; c'était le prix de son sang... je ne puis l'accepter.

LE ROI, *la relevant, et lui rendant le papier en regardant le comte.* C'est bien, mon enfant... vous avez raison... mais moi, j'ai le droit de vous doter... j'espère que vous ne me refuserez pas.

BERLIGOY, *s'avançant involontairement et avec enthousiasme.* Sire! (*Le roi le regarde, il recule en répétant à voix basse.*) Sire!

LE ROI. Ce que je vous demanderai seulement, mes amis, c'est le secret sur tout ce qui s'est passé. (*Le roi vient sur le devant du théâtre, et fait signe au comte d'appro-

cher.) Quant, à vous, monsieur, vous êtes plus heureux que vous ne méritez... Puisse cette leçon ne pas être perdue pour vous... Je vous laisse le choix du lieu de votre exil.

LE COMTE, *avec noblesse.* Sire, j'irai où l'on se bat, à Mahon.

UN GENTILHOMME, *entrant avec toute la suite du roi.* Les chevaux de sa majesté!

LE ROI. Partons, messieurs.

BERLIGOT. En v'là un père du peuple!

CHOEUR.

AIR :

Vive! vive le roi de France,
Le protecteur de ses sujets :
Il comble ici notre espérance,
Nous le bénirons à jamais.

(*Le roi s'éloigne en faisant un geste de bienveillance à Nicolette, et aux personnages groupés autour d'elle. Le comte salue respectueusement. Tableau.*)

FIN.

COSTUMES ET CARACTÈRES.

LOUIS XV. PREMIER ROLE. Costume de chasse vert, galonné en argent, jabot, manchettes, cordon bleu sous la veste, couteau de chasse, culotte blanche ; bottes dites à chaudron, chapeau triangulaire à plumes blanches et garni d'un galon, perruque poudrée.

LE COMTE DE CHAROLAIS. FORT JEUNE PREMIER. Au premier acte, habit d'homme du peuple, conforme à l'indication donnée dens la première scène. Au deuxième et troisième actes, costume de chasse pareil à celui du roi ; pas de cordon bleu, seulement, sur la poitrine, un crachat.

BERLIGOY. PREMIER COMIQUE. Au premier acte, costume d'ouvrier endimanché, habit de velours, culotte jaune, veste a fleurs, bas blancs, perruque poudrée, bouquet et rubans au côté. Au deuxième acte, habit de travail en velours usé, la veste sur l'épaule, la perruque dépoudrée. Au troisième acte, une veste de drap et un chapeau.

URBAIN. DEUXIÈME AMOUREUX. Au premier acte, habit de noce en taffetas vert pomme, culotte blanche, bas blancs, souliers à boucles, perruque poudrée. Au troisième acte, une veste grise, les cheveux en désordre, le bras en écharpe.

PÉGRIEL. GRIME. Au premier acte, habit de velours à boutons d'acier, culotte pareille, veste à ramages, bas blancs roulés sur le genou, souliers à boucles, perruque ronde poudrée. Aux deuxième et troisième actes. grande livrée du comte de Charolais.

GERBEAU. FINANCIER. Habit gros bleu bordé d'un galon d'argent, veste et culotte rouges, bas blancs roulés sur le genou, aiguillette ur l'épaule, perruque à la brigadière.

CAMUS. UTILITÉ. Costume de cuisinier, veste d'indienne à grands ramages, tablier, couteau de cuisinier.

AUBRY. TROISIÈME RÔLE. Habit de cheval gris à retroussis rouges, bordé d'un galon d'argent, veste et culotte rouges, bottes fortes, perruque poudré chapeau triangulaire, un couteau de chasse et un fouet.

FRITOS. DEUXIÈME COMIQUE. Gostume analogue à celui de Camus.

UN COCHER. Grande houplande, chapeau triangulaire.

NICOLETTE. JEUNE PREMIER RÔLE. Au premier acte, un costume de mariée tout blanc. Les cheveux poudrés, une couronne et un bouquet de fleur d'oranger. Au deuxième. Act au troisième acte, même costume, mais un peu en désordre. Au troisième acte, une mante noire sur le cou.

SEEIGNEURS DE LA SUITE DU ROI. Costumes de chasse un peu moins riche que celui du roi.

IMPRIMERIE DE Ve DONDEY-DUPRÉ, RUE SAINT-LOUIS, N° 46, AU MARAIS.

www.ingramcontent.com/pod-product-compliance
Lightning Source LLC
LaVergne TN
LVHW052022160826
845678LV00003B/1165

* 9 7 8 2 3 2 9 6 3 4 7 1 5 *